LE SALUT

C'EST

LA DYNASTIE

Prix : 2 francs.

PARIS

LIBRAIRIE INTERNATIONALE

BOULEVARD MONTMARTRE, 15

A. LACROIX, VERBOECKHOVEN ET C⁰

Éditeurs à Bruxelles, à Leipzig et à Livourne

1870

Tous droits de traduction et de reproduction réservés

56

LE SALUT

c'est

LA DYNASTIE

Lb⁵⁶ 3215

IMPRIMERIE TOINON ET Cⁱᵉ, A SAINT-GERMAIN-EN-LAYE.

LE SALUT

C'EST

LA DYNASTIE

BIBLIOTHÈQUE LYONNAISE R.F. IMPRIMÉS

PARIS

LIBRAIRIE INTERNATIONALE

BOULEVARD MONTMARTRE, 15

A. LACROIX, VERBOECKHOVEN ET Ce

Éditeurs à Bruxelles, à Leipzig et à Livourne

1870

Tous droits de traduction et de reproduction réservés.

LE SALUT

c'est

LA DYNASTIE

I

J'entreprends d'établir que, dans l'état actuel des choses sur notre continent, avec les tendances enfin démasquées de l'influence qui domine aujourd'hui l'Europe, et la résolution non dissimulée de ceux qui l'exercent d'en finir avec nos prétentions légitimes, la France ne peut attendre son salut et l'anéantissement de ses ennemis que de l'indissolubilité de son union avec la Dynastie napoléonienne.

Des personnes, dont il est aisé de comprendre le mobile, ont discuté l'opportunité de ma résolution, sous prétexte qu'il ne saurait être en ce moment question que d'une chose : le salut de la France. Je soutiens qu'au contraire jamais moment ne fut plus opportun que celui du péril pour indiquer à quelle condition exclusive et par quel infaillible moyen ce péril peut être transformé en victoire.

Il paraît sans doute plus commode, aux coryphées du scepticisme moderne, de ne pas se prononcer aujourd'hui, afin de pouvoir se faire de leur réserve une recommandation auprès de n'importe quel vainqueur ; mais leur lâche habileté ne saurait m'empêcher de soutenir que ce n'est pas se montrer soucieux du salut d'un pays que d'en sacrifier d'abord le symbole ; et que toute nation qui néglige de préciser hautement le sien est une nation condamnée, puisqu'elle se trahit elle-même en faisant bon marché de sa constitution.

Je soutiendrai également que ce n'est pas combattre nos ennemis que de leur laisser la liberté de s'affirmer en profitant de notre silence pour se produire ; et, quant à ce qui est de témoigner aux

Napoléon sa fidélité, en les désintéressant en apparence du grand drame dont le dénoûment doit plonger à jamais leur nom dans un honteux oubli, s'il n'éternise leur gloire, je déclare que je préférerais à cela leur prouver la mienne, en traînant de mes mains le dernier d'entre eux devant la bouche ardente d'un canon ennemi, s'il pouvait avoir besoin qu'on l'y traînât pour affirmer sa mission, et pour revendiquer le droit de mourir le chef élu de la France, tant qu'il resterait debout pour la symboliser.

Il devrait me suffire, du reste, pour prouver que notre salut est indissolublement lié au triomphe de la Dynastie napoléonienne, de rappeler les efforts incessants de la Prusse, en vue de la rupture de cette union, et le concours donné dans ce but à notre rivale par tous les Cabinets et par tous les peuples intéressés à ce que notre prépondérance périsse.

Mais il est malheureusement en France des hommes que les désirs évidents de leurs adversaires n'éclairent pas sur ce qu'eux-mêmes doivent suspecter; et qui, de la meilleure foi du monde, tombent dans le piége que leur a tendu la perfidie, en se demandant naïve-

ment si ces adversaires ne seraient pas véritablement soucieux, autant et plus qu'eux-mêmes, de
leur bien - être, de leurs libertés et de leurs gloires.

C'est principalement pour ces hommes de bonne foi
naïve que j'ai résolu d'écrire ce qui va suivre.

II

Je commence par admettre, pour ne les réfuter
qu'après, toutes les calomnies et toutes les sottises
adroitement insinuées, dans l'esprit des gens cré-
dules et impressionnables, par les complices de la
Prusse, à l'abri d'une panique dont ils ont pris soin
de grossir la cause, en la dénaturant, pour exagérer
les proportions du péril.

Ce qui était encore hier de notoriété publique
pour le monde entier : la supériorité de l'armée
française; l'excellence de son organisation ; la sol-
licitude de ses chefs pour les détails de ses moin-
dres services; leur expérience et leur héroïsme; l'in-
cessante préoccupation de l'Empereur pour le bien-
être du soldat; l'habileté qu'il lui a fallu pour retarder

de vingt ans, en nous aguerrissant par dix victoires,
la lutte décisive du progrès et de la barbarie; tout
cela n'était que rêve ou mensonge; et, parce que, à
Reichsoffen comme à Forbach, quelques milliers de
nos soldats ont réussi à jeter le désordre et la mort
dans les rangs d'un demi-million d'envahisseurs, au
lieu de se borner simplement à les attirer au bord
des tombes que nos généraux leur ont choisies, entre
la frontière et Paris, Napoléon III a cessé d'être digne
de l'Empire; sa déchéance est méritée.

Cet incroyable démenti d'une heure, opposé au
témoignage éloquent de vingt années, change-t-il
quelque chose au fond de la question qui se débat
aujourd'hui entre la France et la Prusse; empêche-
t-il que l'Empire français, deux fois consolidé, en
dix-huit ans, par huit millions de voix, librement
mis en possession, par son élu, de toutes les libertés
constitutionnelles, conseillé par le ministère parlementaire qu'a désigné au Souverain un Corps
législatif issu du suffrage universel le plus large-
ment appliqué, poussé par l'opinion publique, et à
l'instigation de l'unanimité de la presse, ait déclaré au roi Guillaume et à son ministre, qu'il était

temps de rétablir l'équilibre auquel croit avoir droit de présider la France, de l'avis même du grand Frédéric ?

Évidemment non.

La meilleure preuve que l'indignité ou l'incapacité de son Souverain ne modifierait même en rien les sentiments et les résolutions dont la France est animée contre la Prusse, c'est qu'au moment où cette dernière comptait sur nos divisions intestines pour compléter l'œuvre de ses armées, ses complices de Paris ont dû renoncer, faute de soldats, à tenter d'une façon sérieuse la diversion qu'elle attendait d'eux.

C'est que la population parisienne, composée d'anciens soldats et de travailleurs prêts à prendre les armes, n'a pas compris un instant qu'on pût s'effrayer d'un revers, et a mis immédiatement en suspicion les hommes assez peu patriotes pour pleurer sur nos héros morts avant de les avoir vengés.

III

En vain les ennemis déloyaux de l'Empire, trop secondés en cela, il faut bien une fois de plus en convenir, par la trahison latente ou tout au moins par l'abstention soudaine et prudente des parasites impériaux, ont pu, librement, et sans pitié pour une infortune d'autant plus respectable qu'elle serait plus grande, interpréter à leur guise la conduite de Napoléon III, depuis les retraites sublimes de Reichsoffen et de Forbach, en représentant comme atteinte d'idiotisme spontané l'une des intelligences dont la supériorité a été le plus universellement constatée.

Ils n'ont réussi, dès le premier jour, qu'à obtenir des réserves sur ce sujet, pour des temps où la vérité tout entière pourra être connue, où la parfaite appréciation des actes aura été autorisée par la discussion; et, encore, n'ont-ils obtenu ces réserves que parce qu'ils ont eu la précaution de se donner eux-mêmes, avant tout, comme de bien plus irréconciliables ennemis de la Prusse que de l'Empire, contraints à cela par l'irrésistible pression morale de l'immense majorité des loyaux adversaires de la Dynastie.

Aussi est-ce dans la haine profonde de tout Français de cœur pour la Prusse qu'il faut chercher la clef de l'hésitation déconcertée des membres de la Gauche, de la modération qui, pendant quelques jours, a remplacé, sur leurs lèvres, l'exaltation calculée des premières heures de panique, de la prudente résolution qu'ils semblaient avoir prise de ne plus devoir leur succès qu'à l'exploitation perfide mais habile de cette haine invincible, et enfin des efforts tentés à nouveau par eux, depuis les dernières séances, pour susciter, entre les personnes investies de la confiance impériale, des divisions dont ils n'osent eux-mêmes encourir, aux yeux de leurs électeurs, la lourde responsabilité.

Dans la salle que le ministre de l'intérieur a mise

à la disposition des journalistes pour y attendre les nouvelles télégraphiques, celui qui se montrait, avant son départ pour l'armée, le plus réservé sur le compte de l'Empereur et des généraux que les opinions extrêmes de cet écrivain le portent cependant à croire coupables est précisément le frère de Victor Noir. Il s'indignait à la pensée que le doute eût pu si promptement envahir l'esprit des officieux dont la pâleur le révoltait ; et il ne faisait à aucun d'eux mystère de son inébranlable résolution de combattre les Prussiens sous n'importe quel drapeau, pourvu qu'il fût bien entendu que toute paix est impossible, tant que ce drapeau n'aura pas flotté sur Berlin.

J'en étais, en l'écoutant, à déplorer que l'Empire n'eût pas su s'attacher de tels hommes, au lieu de gorger les lâches dont la plume normalienne s'est prostituée à l'ennemi, dès que la victoire a paru incertaine. Ce qu'il y a de certain, c'est que le plus dévoué des impérialistes peut marcher à l'ennemi, coude à coude avec Louis Noir, sans craindre que ce jeune homme lui parle maintenant d'autre chose que de l'extermination des Prussiens.

IV

Ce qui prouve que les membres de la Gauche ne sont plus à la hauteur du rôle qu'ils aspiraient à jouer; ce qui prouve qu'ils n'ont pas même l'instinct des convictions qu'ils affichent, c'est justement, qu'ils ne comprennent pas que la haine du Prussien, innée chez le peuple français, résulte précisément de l'amour que ce peuple professe pour les principes sacrés dont les membres de la Gauche s'étaient donnés à lui comme les représentants convaincus.

Le peuple français se serait bien gardé d'investir ces hommes du mandat qui les constitue ses porte-paroles, s'il avait pu penser qu'ils en feraient usage un jour pour tenter de s'opposer au triomphe des principes démocratiques, en compromettant par une diversion notre victoire sur la Prusse.

Le peuple français abhorre le peuple prussien, parce que le peuple prussien n'a pas cessé, depuis 1792, de personnifier, aux yeux de tous les hommes du plus simple bon sens, la réaction de l'absolutisme contre l'égalité ; parce que le peuple [prussien est demeuré constamment armé, dans le sens de cette réaction, profitant de la paix pour se préparer à la guerre, envahissant successivement tous les points qu'il pouvait occuper au foyer de la France, au détriment d'hommes dont il prenait le signalement afin de les frapper plus sûrement tôt ou tard, n'hésitant devant aucun moyen, la guerre venue, pour nous exterminer, en haine des idées de progrès et de liberté semées par nous dans le monde, se proposant, à tout propos, comme l'exécuteur des hautes œuvres des monarchies et des oligarchies autocratiques contre les démocraties organisées, moyennant un salaire en argent ou en or, jusqu'au jour où il pût obtenir de notre dédaigneuse, mais impardonnable abstention, la possibilité de river en paix des menottes aux poignets de l'Allemagne.

Le peuple français abhorre le peuple prussien, parce
qu'il sent instinctivement que le peuple prussien est
son vampire ; et que l'unique préoccupation du peuple prussien est d'arriver à l'anéantissement du progrès par le démembrement de notre pays, par l'em-
ploi, contre nous, des moyens dont il s'est servi, à
la solde des Czars, pour que ceux-ci pussent enfin
s'écrier : « la Pologne est morte ! »

Le peuple français abhorre le peuple prussien,
parce que le peuple prussien a justifié cette haine
toutes les fois qu'il en a eu l'occasion, notamment
en 1814 et en 1815, lorsque, contrairement aux procédés de leurs alliés, les soldats de la Prusse ont pillé
nos musées, volé nos trésors, détruit nos monuments,
violé nos filles et nos sœurs, assassiné nos mères,
brûlé vifs nos vieillards, ce qu'ils recommencent à
faire aujourd'hui ; et parce que, sans les avoir com-
battus, ils ont poussé sur les vaincus de Waterloo
leurs bataillons frais, avec mission d'égorger tout ce
que la mitraille n'aurait pas frappé mortellement.

Le peuple français abhorre le peuple prussien, parce
que le peuple français ne se laisse pas abuser, par de
vaines théories, sur le sens précis des faits. Toutes

2

les perfides récriminations de MM. J. Favre et Gambetta n'amèneront pas le peuple français à se méprendre sur ceci : c'est que le gouvernement qui symbolise sa haine est le gouvernement selon son cœur ; c'est que les hommes qui cherchent à créer des entraves à ce gouvernement, lorsqu'il est aux prises avec la Prusse, ne peuvent être que des complices de la Prusse.

V

Si l'existence, contre la Prusse, d'une haine, plus enracinée encore dans le cœur de tout Français que je ne viens de parvenir à l'exprimer, est aujourd'hui indiscutable, il me suffira de prouver que la forme impériale et la Dynastie napoléonienne sont, de toutes les formes de gouvernement et de toutes les Dynasties, les seules capables de donner à cette haine une satisfaction complète pour que mon but soit atteint. Or cela me paraît d'une telle évidence que j'hésite à prendre la peine de le démontrer.

Arrêtons dans la rue le premier volontaire venu, qui part avec n'importe quelle arme : chassepot, carabine, revolver, poignard ou couteau, pour aller traverser une poitrine prussienne, brûler une cervelle berlinoise ou déchiqueter la carcasse d'un ulhan. Demandons-lui ce qui peut nous assurer la victoire. Il répondra certainement que c'est l'unité de direction, symbolisant l'unanime haine contre la Prusse, et, par cela même, l'unanime amour pour le progrès démocratique.

Eh bien! qu'est la Dynastie napoléonienne, sinon ce symbole de haine et d'amour?

Que serait devenue, sans cette Dynastie, la semence de 1792, deux fois compromise par de prétendus républicains, dont l'égoïsme individuel livrait à l'Europe le sein de la France, affaiblie, déchirée déjà par de cyniques divisions?

La Dynastie napoléonienne est la synthèse et le salut de la République, condamnée par ceux qui en finissaient avec elle, sous prétexte de la compléter. Que dis-je, elle est cette République elle-même!

Constamment armée pour le progrès, tant qu'elle a été triomphante, c'est en la prenant pour étoile que, depuis le jour où elle est tombée avec lui sous les coups des tyrannies coalisées, les masses ont recommencé à gravir le mont au sommet duquel

il leur a été possible, en 1848, d'entrevoir de nouveau l'avenir.

La Dynastie napoléonienne est la revendication cou-
ronnée de tous nos droits, le châtiment assuré des
égorgements de la Haie-Sainte ; et si, depuis quelques années, le peuple de certaines grandes villes
a pu se laisser un moment détourner d'elle, ce n'est
pas parce qu'elle signifie cela ; c'est au contraire,
parce que, depuis la résurrection de l'Empire, son
représentant paraissait avoir oublié sa mission ven-
geresse.

Qui a fait prévaloir l'égalité dans le monde, si ce
n'est la Dynastie napoléonienne ?

Avocate désintéressée de la cause des peuples,
son nom est mêlé à l'histoire de tous ceux qui ont
voulu s'affranchir, sans que jamais, comme les Frédé-
rick et les Guillaume, un Napoléon ait reçu de l'argent
ou de l'or pour mettre au vent son épée.

Levez vos bras, Italiens ! Ils sont libres par elle,
qui ne vous demande pas de vous en souvenir.

Avec la Dynastie napoléonienne, pas de démembrement possible, pas d'extermination sans représailles.
Les mains prussiennes qui ont fouillé les entrailles de

nos mères avaient brutalisé la reine Hortense. Nos pères n'ont pas reçu un coup que les Napoléon n'en aient reçu vingt, non parce qu'ils luttaient pour leur Dynastie, mais parce qu'ils luttaient pour nos pères.

Qu'ont demandé les Puissances à la Dynastie napoléonienne pour lui assurer à jamais le trône? De cesser de symboliser la France, telle que la France veut être symbolisée. Sur le trône, cette Dynastie a répondu l'épée à la main. Les bras chargés de fer, elle a répondu à Sainte-Hélène par *le Mémorial*. Elle a répondu proscrite, sans autre cause de sa proscription que sa persistance à demeurer notre symbole, par *les Idées Napoléoniennes*.

La Dynastie napoléonienne a commis une faute aux yeux des masses. Elle vient de l'expier, en subissant l'ingratitude de ceux pour qui elle l'a commise. Cette faute, c'est d'avoir songé à refaire la France riche avant de la venger ; c'est de ne pas avoir poussé nos légions sur le Rhin et sur la Belgique dès l'avénement du second Empire.

Qui disait, en 1848, Napoléon, disait 1814 et 1815 effacés, lavés avec du sang prussien ; et si, dès 1851, Napoléon III avait fait ce qu'il fait aujourd'hui, il n'aurait eu à s'occuper ni des Cinq, ni des Quarante, ni de l'anarchie, ni du parlementarisme. Ce que la France voulait de lui, c'était qu'il considérât comme non avenue la Restauration, comme non avenue la Monarchie de 1830, qui avait pactisé avec tous les Rois ; et, je l'affirme, parce que cela est la vérité, sur quatorze millions d'électeurs que nous sommes, il n'y en aura pas cent mille qui seront hostiles à l'Empire, le jour où, sans ménagement pour aucun intérêt égoïste, pour aucune Puissance ingrate ou traîtresse, il déclarera hautement qu'il n'a pas cessé, qu'il ne cessera jamais d'être le symbole de notre haine pour la réaction que personnifie la Prusse, et de notre amour pour le progrès que personnifie la France.

Cette déclaration, il est en train d'en tracer les termes avec du sang ; de prouver que, s'il a attendu dix-huit ans pour la faire, c'est qu'il tenait à ce qu'elle portât ses fruits ; et c'est le moment où il répond si complétement aux vœux unanimes du Pays que l'on choisirait pour oublier que la Dynastie napoléonienne est seule capable de les bien comprendre et de les bien combler, parce qu'elle est la seule qui puisse en résumer l'expression ?

Toute la rhétorique de la Gauche ne parviendra pas, sur ce point, à égarer le bon sens du peuple. C'est justement parce que le peuple aime les principes au nom desquels on cherche à l'égarer, qu'il n'abandonnera jamais aux coups de la Prusse et de ses complices la Dynastie qui résume, dans un nom, toutes les conquêtes sociales qu'on veut lui arracher.

Mais j'ai dit que je commencerais par aborder les hypothèses funestes ou absurdes. J'admets donc que l'Empereur n'est plus l'Empereur, ou que, s'il l'est encore, la Dynastie est en danger.

VI

Je n'ai pas besoin, dans tous les cas, de faire remarquer, tout d'abord, qu'une nation ne saurait trans-
former son gouvernement, dans des circonstances
comme celles où se trouve actuellement la France,
sans tarir immédiatement la source de ses forces
vives; et, par conséquent, sans commettre, envers elle-
même, la plus infâme comme la plus stupide des tra-
hisons : celle qui consiste à jeter ses armes devant
l'ennemi.

Cette opinion semble avoir été partagée générale-
ment, dès le jour où sont arrivées à Paris, non pas
les nouvelles authentiques des retraites de Forbach
et de Reichsoffen, mais celles qui donnaient à ces

faits de guerre [les proportions d'un irrémédiable
Waterloo.

Un ministère s'est constitué sans opposition sérieuse, bien qu'il eût à sa tête un homme, dont
le nom était encore maintenu impossible la veille,
grâce aux manœuvres de la trahison latente ; et, depuis
lors, sous la Régence d'une femme, ce ministère fonc-
tionne, sans qu'il soit question d'autre chose que de
la défense de la Patrie, ce qui implique au moins
une entente unanime sur ce point, qu'une transformation gouvernementale est, devant l'ennemi, la
trahison d'un pays contre lui-même.

Mais, dans les régions où le désintéressement
l'emporte rarement sur l'égoïsme, il est permis d'at-
tribuer une telle entente, moins encore au bon
sens et au patriotisme de ceux qui l'ont conclue qu'à
la certitude où ils devaient être, en la concluant, de
l'impossibilité qu'un grand Empire pût être sérieu-
sement ébranlé par la défaite de deux corps d'armée
isolés, cette défaite eût-elle été suivie de la déroute
de ces deux corps.

Ne devient-il pas alors indispensable de se demander si l'entente, basée en grande partie sur le respect

ou sur la crainte de la résistance offerte encore par un pouvoir puissant, ne cesserait pas d'exister, le jour où, pour une cause quelconque, ce pouvoir cesserait d'avoir, aux yeux des égoïstes, d'autres assises que la foi d'un grand peuple dans un grand nom?

Napoléon III pouvait être tué à Longeville ou fait prisonnier sur la route de Verdun. Il ne serait pas étonnant qu'un boulet l'atteignît, à la tête de l'avant-garde de la cavalerie dont il vient, sous Châlons, de prendre la direction, ou qu'une révolution physique quelconque paralysât momentanément ou à jamais ses facultés mentales. La défaite successive de nos armées peut ouvrir aux Prussiens le chemin de Paris, et suspendre, pour de longs jours, nos communications avec le reste de la France.

C'est en prévision d'un de ces cas extrêmes, où les tentations de toutes sortes sont exercées sur les esprits les plus solides, pour amener chez eux la capitulation du patriotisme devant les intérêts, pour convaincre les plus fidèles que le patriotisme leur fait, comme à Raguse, une loi d'oublier leur serment; c'est dans cette prévision, dis-je, qu'il est urgent d'examiner si le patriotisme, autant que l'intérêt, ne commande pas à la France et à tous ses enfants de se grouper autour de la Dynastie napoléonienne, et de conserver à tout prix au gouvernement sa forme impériale, sous peine de voir les Prussiens procéder au démembrement et au pillage de notre pays, d'accord avec les Puissances de l'Europe, qui n'ont cessé de nous jalouser et de nous haïr, depuis que nous avons moralement décrété l'affranchissement du genre humain.

En dehors de l'impérialisme et de la Dynastie, consolidés, il y a moins d'une année, par près de huit millions de suffrages, trois partis se croient en droit d'aspirer au gouvernement de la France ; et cela, au nom du petit nombre de suffrages qu'il leur est permis de revendiquer dans la minorité hostile au plébiscite, défalcation faite encore des votes *non*, déposés, avec le mien, par les impérialistes qui puisaient la prescience de ce qui arrive dans le triomphe du parlementarisme, cet infaillible précurseur des épreuves honteuses et sanglantes ; et qui tenaient à protester, par un *non*, contre la constitution nouvelle, et pas du tout contre l'Empire.

Ces trois partis sont : le parti légitimiste ; le parti orléaniste et le parti républicain.

VII

J'ai eu l'honneur d'être un instant, à Venise, l'hôte du comte de Chambord ; et j'hésite à admettre qu'il songe même à profiter des événements dont l'Europe est le théâtre pour donner carrière à des espérances qui ne peuvent être qu'inséparables de l'intégralité de la France. Mais enfin, y songeât-il, que l'impossibilité de son retour, après une série de victoires décisives des Prussiens, est toute aussi grande qu'auparavant.

Les Prussiens, qui n'ont traité jadis avec le duc de Richelieu que sous la pression de la Russie, savent trop ce que les Bourbons, même impotents comme l'était Louis XVIII, sont prêts à tenter aux heures suprêmes, quant il s'agit d'honneur et de dignité, pour avoir un instant la pensée d'accepter l'intervention d'un Roi catholique, entre la victime acquise à leur autocratie protestante, et le couteau de cette autocratie, lors même que cette victime consentirait à accepter, entre elle et la Prusse, l'arbitrage d'un Souverain, ayant, malgré lui, sur son blason, le manifeste du duc de Brunswick écrit en lettres de feu.

Le retour de ce Bourbon sans héritier ne pourrait s'effectuer sans que l'Europe fût remuée profondément, et surtout sans qu'elle fît prévaloir, au profit de la France, tout autant de prétentions que la France en émettait hier, en émet aujourd'hui, en émettra demain; car, ce qui rend le problème insoluble, en dehors de l'Empire et de la Dynastie napoléonienne, c'est que la France, intégralement constituée, ne peut subir d'autre gouvernement qu'un gouvernement ayant pris l'engagement de lui conserver sa prépondérance extérieure, tout en lui garantissant, à l'intérieur, les réformes sociales dont l'Empire a pris l'initiative.

Or, supposer que le comte de Chambord puisse être Roi dans d'autres conditions, ce sont là des hypothèses folles, douloureuses, sinon injurieuses pour le prince qui les motive involontairement; et, plutôt que de les prolonger, mieux vaut immédiatement constater ce qui est vrai : c'est que, si la France était demain aussi vaincue que la Pologne le fut jadis, et que le comte de Chambord fût le seul à se jeter entre elle et ses vainqueurs, ceux-ci la démembreraient, de concert avec l'Europe, avant de la rendre aux Bourbons, tandis que, de son côté, la France combattrait, jusqu'à ce qu'il en fût ainsi, plutôt que d'accepter, pour la troisième fois, de l'étranger, une Dynastie condamnée par la fatalité à ne régner qu'à la suite de ses malheurs.

Quant à admettre l'hypothèse d'un appel au comte de Chambord, en cas de déchéance ou de vacance du trône pendant la lutte, ce serait mal connaître les complices que la Prusse compte à Paris, et qui savent parfaitement, eux, que si les Bourbons pouvaient devoir leur restauration à autre chose qu'à nos défaites, ils seraient sur le trône ce qu'y sont les Napoléon : un symbole. Or, les symboles ne transigent pas.

VIII

Les complices volontaires et involontaires de la
Prusse ; car il en est de deux sortes : ceux qu'elle paie
en or ou en espérances, et ceux qui cessent d'aimer
un gouvernement, du jour où il ne leur garantit pas un
sommeil aussi tranquille que le furent leurs jouis-
sances ; ces complices, il ne faut pas se le dissimuler,
ne jettent les yeux, pour atteindre leur but, que
sur une seule famille ; mais, comme cette famille ne
souffrirait pas *ouvertement* l'injure d'être considérée
comme un moyen de transaction entre la France vaincue et la France victorieuse, il s'agit pour eux de tout
mettre en œuvre, afin qu'elle soit appelée au trône
lorsqu'il est encore temps de combattre, ce qui équi-

vaut à dire qu'ils tenteraient volontiers de retirer, à l'heure du péril, l'épée de la France des mains d'un Napoléon pour la confier à celles d'un d' Orléans.

Or le seul rôle acceptable par les fils de Louis-Philippe, après leurs menaces écrites contre la Prusse, bien que le comte de Paris se soit abstenu d'offrir son bras pour la combattre, ne pourrait leur être donné qu'à la condition de faire comprendre d'abord au peuple qu'un Napoléon est moins digne qu'un d'Orléans de le mener à la victoire, et ensuite que, cela étant, la République n'a pas alors une main autrement solide que celle de tous les princes du monde disponibles, pour empoigner la Prusse à la gorge et la rejeter dans le Rhin.

Je ne veux pas pousser les hypothèses jusqu'à demander si, malgré leurs déclarations, les princes d'Orléans accepteraient de traiter avec la Prusse victorieuse. Je le nie. Mais en fussent-ils capables, que je les mets au défi de régner sur la France privée d'un seul pouce de son territoire.

Avant la défaite, et même en cas de déchéance, leurs chances sont donc nulles ; elles le deviennent surtout après, puisqu'elles ne peuvent conjurer le démembrement du pays, qui, avant comme après, se trouve logiquement, ainsi que l'Europe, en présence de la République, dès que l'Empire a disparu.

IX

Prise à son propre piége, la Gauche, fût-elle capable d'exercer le pouvoir, ne pourrait, dans tous les cas, s'en servir que pour organiser contre la Prusse une guerre d'homme à homme, après la guerre d'armée à armée, sous peine de perdre immédiatement le prestige qui le lui aurait valu.

Et, d'abord, je fais remarquer que je ne reviens pas ici sur les conséquences inhérentes à une transformation politique, dans les conditions où se trouve la France, bien qu'on soit en droit de s'en faire une idée toute particulière, lorsque l'on songe qu'il ne se serait agi de rien moins, dans l'hypothèse soulevée en ce moment, que de substituer M. Jules Favre à Napoléon III, M. Jules Simon à l'Impératrice, M. Thiers au Prince impérial, M. Gambetta au général Palikao, et probablement MM. de Kératry et Montpayroux aux maréchaux Bazaine et de Mac-Mahon. Cela est fait. Huit millions d'électeurs sont considérés comme n'existant plus ; la majorité du Corps législatif comme n'existant pas ; la France, avec ses armées et ses trésors, comme la chose exclusive de M. Girault du Cher, qui est libre de renvoyer à Lyon M. Emmanuel Arago, et de faire commander par Victor Hugo la garde nationale de Paris, sous le flot des plus tumultueuses sympathies.

Il suffit de constater que cela puisse être pour se figurer ce que deviendraient immédiatement nos armées, en admettant que cela soit avant une défaite complète ; et ce qu'en deviendraient les débris, en admettant que cela ne soit qu'après. Quant à l'administration des départements et de Paris sous un tel gouvernement, il est également facile de s'en faire une idée juste, en se reportant à ce que purent faire, en pleine paix, d'une République acceptée par la France entière, ces mêmes hommes qui aspirent à nous gouverner, au moment où nous traversons la plus dangereuse des crises qui ait jamais éprouvé un grand pays.

En supposant que les membres actuels de la Gauche ne soient pas, dans ce cas, les premiers à implorer le concours de nos hommes de guerre, le triomphe d'un tel ordre de choses serait tout bonnement l'extermination de ce qui nous resterait alors d'hommes valides sous les armes, la destruction par le chaos de tout ce que la Prusse n'aurait pas ruiné encore. Ce serait moins que la France égorgée debout, comme elle pourrait l'être, je le reconnais, avec un Chambord ou un d'Orléans; ce serait la France égorgée dans la boue ; ce serait indubitablement la paix honteuse, suivie dans ce cas encore du démembrement, à moins que....

Or ce terrible *à moins que*, dont je compléterai le sens en terminant cette brochure, que serait-il lui-même, sinon le renversement immédiat des hommes ridicules ou coupables, dont les complicités ou la sottise deviennent aujourd'hui si claires pour tous que le peuple commence à oublier le bien que peut produire la permanence de ses représentants, devant le mal que produit la leur ; et que les membres de la majorité du Corps législatif seront peut-être obligés d'en venir à réclamer eux-mêmes la prorogation de leurs séances

pour protéger les membres de la Gauche contre l'indi-
gnation publique?

Que ceux-ci parcourent donc, avant de passer outre
à leurs indignités, les pages écrites par leurs propres
écrivains, dans le silence du cabinet et dans le calme
de la conscience, sur les hommes de 1814 et de 1815.
Ils rougiront alors, à la pensée que l'Histoire ne saurait prononcer sur eux-mêmes un moins sévère juge-
ment que celui de leurs écrivains à propos des Ravez et
des Benjamin Constant ; car je leur défends de nier
qu'ils ne soient pas convaincus à l'avance de leur
impuissance certaine, au lendemain d'une révolution,
et par conséquent du démembrement immédiat de la
Patrie, à moins d'un cataclysme qui détruirait tout.

X

Il me reste à examiner une dernière hypothèse contre
laquelle proteste l'honneur immaculé de notre armée,
dont aucun des chefs n'aspira jamais, heureusement,
aux lauriers infamants des Prim et des Serrano.

Cette hypothèse est née de l'empressement que met
à se prosterner devant le premier venu qu'elle suppose
capable de la protéger, la tourbe d'hommes sans carrière précise qui pullulent à Paris, et qui sont parvenus,
jusqu'à un certain point, à y usurper le rôle de l'opinion publique véritable.

Boursiers, courtiers marrons, orgueilleux déclas-
sés, enrichis de hasard, pauvres de circonstance,
artistes par métier, proxénètes, commerçants in-
terlopes, journalistes à vendre, habitués de toutes

les premières du théâtre et de toutes les dernières de l'échafaud, gens prêts, en temps de paix, à
élire Empereur l'homme qui passe sur un beau cheval,
s'il les paie bien, ou, en temps de guerre civile, à
abuser un Cavaignac, pour se traîner ensuite, plus bas
encore que devant lui, derrière le Napoléon qu'ils son-
geront à détrôner le lendemain de sa première défaite,
cette lie tremblante, effarée, troublée, ne vivant qu'au
jour le jour et même à l'heure l'heure, qui, dès
qu'elle lève une affaire, se l'attribue, en cherchant
à dépouiller ceux qui l'ont conçue ; cette lie, dis-je,
a osé prévoir le cas où les maréchaux et les généraux,
investis de commandements par l'Empereur, en pro-
fiteraient pour s'emparer du pouvoir que la Nation
a confié à la Dynastie Napoléonienne, et compose-
raient entre eux un triumvirat, résolu à présider
militairement au renversement des Napoléon, et à la
transformation de l'Empire en République.

Je demande pardon à nos héros de m'arrêter à cette
hypothèse ; mais, en admettant que la tourbe dont
je viens de parler ait eu raison de les juger d'après elle,
ne suffit-il pas encore d'examiner froidement les résultats certains d'une pareille trahison pour prouver

qu'elle aboutirait également au démembrement de la France ?

L'exemple de l'Espagne est là vivant pour préserver les généraux français d'une telle pensée; et le spectacle des Prim et des Serrano, cloués à leur œuvre comme à un pilori, n'est pas fait pour les encourager à un tel suicide.

Mieux vaut la mort de Douay. Mieux vaut la mort de Raoult.

La tombe où vous couche le boulet, avec votre épée vierge sur la poitrine, est la seule tombe à laquelle aspirent les officiers d'une armée qui n'a jamais compté un seul Dulce dans son sein.

Et du reste, que changerait à la situation le triumvirat rêvé par les fantaisistes de taverne ; au nom de quels principes pourrait-il gouverner la France ?

La division éclaterait dans son sein dès qu'il se serait formé ; et l'infaillible résultat de cette division serait la défaite en ligne, le chaos à l'intérieur, et, comme dans tous les autres cas que nous venons d'énumérer, le démembrement final du pays certain.

XI

Ainsi donc, de quelque côté qu'on se tourne, on aboutit au chaos et à la honte, dès qu'on cesse de regarder vers la clef de voûte que s'est trois fois donnée le suffrage universel, en acclamant la Dynastie ; et l'on est obligé de confesser que le suffrage universel a fait preuve en cela d'une lucidité bien supérieure à celle des théoriciens que le fait accable.

Seule, la Dynastie napoléonienne est le pivot autour duquel la France peut graviter homogène. Seule, elle est l'unité directrice à laquelle on peut obéir. Seule, elle est la force et la lumière, parce que, seule, elle symbolise tout ce que la France aime et déteste; parce que, seule, elle dispose du nom qui fait vaincre; parce que, seule, elle a donné un corps aux principes dont le triomphe est inséparable du salut de notre pays; parce qu'elle est le bouclier; parce qu'en un mot, elle, écartée violemment de la France, c'est la fable des loups et des moutons mise immédiatement en pratique par la Prusse.

Cela est si vrai, que le nom de Napoléon n'appartient plus aux Bonaparte qu'autant qu'ils sont dignes de le porter. Il ne se compose pas seulement du génie déployé par le premier Empereur pour rendre sa prépondérance à l'héritage de Charlemagne, mais aussi du sang répandu pour que ce génie pût accomplir sa tâche. Le nom de Napoléon est l'enseigne de la France, comme la forme impériale en est l'expression, ce qui, dans le cas d'indignité ou d'extinction de tous les membres de la famille impériale, autoriserait le pays à baptiser du nom magique l'homme qu'il jugerait digne de conserver à l'Empire sa signification et son intégralité.

C'est donc de la Dynastie napoléonienne, et sous la

forme de gouvernement qui est la sienne que nous devons combattre et vaincre, Napoléon III eût-il été subitement privé de ses facultés mentales ou se fût-il trahi lui-même au point d'oublier son devoir. Les éloquentes paroles que Napoléon Ier prononça à son retour de Russie doivent revenir à la mémoire de tous :

« Et mon fils? Et vos institutions? Et mon nom qui les symbolise? »

Lui mort en effet, ou fou, ou déshonoré, ce fils, ces institutions, ce nom, n'était-ce pas encore la clef de voûte ; et un édifice peut-il menacer ruine, quand sa clef de voûte est intacte?

Si, en 1814 et en 1815, personne n'eût cherché le salut en dehors de ce point unique : la clef de voûte! la France eût été vengée ; et elle eût surtout évité les quarante ans d'humiliation qu'elle a passés dans l'attente de ce qui arrive aujourd'hui.

Ne perdons donc pas de vue que ni l'Empire, ni la Dynastie ne sont un homme, mais une forme gouvernementale et un nom, résumant la volonté d'un peuple, comme le furent l'Empire romain et le nom de César; et que, de même que Rome finit avec ceux-ci, la France doit finir avec ceux-là, la désa-

grégation d'un tout résultant infailliblement de la destruction de sa base ou de la chute de sa clef de voûte.

Les riches comme les pauvres, plus que les pauvres,
sont intéressés à s'armer de n'importe quelle arme
pour diminuer chacun d'un homme ou deux les armées
de la Prusse, et pour maintenir la Dynastie, comme le
seul lien qui empêche la France de se dissoudre dans
le chaos ; car, en cas de victoire de la Prusse, les riches
paieront pour les pauvres ; et, en cas de dissolution,
violente, pas un de ceux qui doivent quelque
chose à l'Empire ne sera exempt des revendications
de l'anarchie. Trembleurs qui cherchez un refuge
pour vos richesses et vos existences, ne soyez pas
traîtres aux Napoléon ; ce serait à vous et à vos intérêts
que vous le seriez.

Si nous voulons la vengeance et la conservation, ne
songeons donc pas au chiffre placé après le nom de Napoléon, pourvu que le nom de Napoléon nous reste
avec la forme impériale. Napoléon III, mort ou in-
digne, vive Napoléon IV ! Napoléon IV frappé, il y a
d'autres Napoléon encore ; et, n'y en eût-il plus dans
la famille, que le salut de la France ne serait possible
en ce moment, qu'à la condition de conserver la

forme impériale et de donner le nom de Napoléon au hardi capitaine qui jurerait de s'en montrer digne; car je l'affirme et cela est : quand l'Empire aura cessé d'être, la France ne sera plus !

XII

Mais, Dieu merci, nous n'en sommes pas là ; et, puisque nous venons de soutenir la discussion sur le terrain de l'exagération, de la calomnie et des éventualités les plus impossibles, on nous permettra bien de la porter maintenant sur le terrain des faits acquis à l'Histoire, et des seules éventualités qui soient logiquement probables.

C'est moins l'Empereur que l'Empire, c'est-à-dire le pays, qui a voulu la guerre. Je défie qui que ce soit de prouver qu'il eût été possible à Napoléon III de résister au mouvement national auquel son gouvernement a obéi, presque malgré chacun des ministres pris isolément, en la déclarant.

C'est avec intention que je dis *son gouvernement;* car il ne faut pas oublier, pour apprécier impartiale- ment tout ce qui s'est passé depuis lors, que, du deux janvier au vote du Plébiscite, pour accéder aux vœux de la majorité législative, et, du vote du Plébiscite au jour de la déclaration de guerre, pour obéir au vote du pays, l'Empereur est peut-être, de tous les Français ayant joué un rôle dans les derniers événements, le seul qui se soit strictement conformé à la constitution qui lui a été imposée.

Que je l'en blâme, moi qui suis convaincu que les épreuves actuelles sont le fait de la condescendance impériale pour le parlementarisme, cela se comprend; mais que ceux qui ont entraîné l'Empereur dans cette voie oublient la loyauté avec laquelle il s'y est con- duit et essaient de faire retomber sur lui la respon- sabilité qui n'incombe qu'à eux seuls, c'est ce qu'en bonne justice on ne saurait permettre.

Le Cabinet du 2 janvier, poussé par le pays tout entier, hésitait à commencer la lutte; l'immense majo- rité du Corps législatif fit cesser ses hésitations, non- seulement après avoir eu connaissance des motifs apparents de la guerre, mais après avoir mûrement pesé la portée des atteintes réelles dont la dignité de la France était secrètement l'objet de la part de la Prusse depuis plus de quatre ans. Cela est si vrai, que, bien avant la déclaration de guerre, à propos du vote, par le Parlement de l'Allemagne du Nord, d'une subvention pour la ligne du Saint-Gothard, MM. Estancelin et de Kératry s'étonnaient que l'Empire n'eût pas encore imposé silence aux provocations de la Prusse.

La responsabilité exclusive de l'Empereur, qui n'a été dans tout cela, jusqu'à la déclaration de guerre, que l'interprète couronné des volontés du pays, commence seulement, au point de vue du strict droit constitutionnel, le jour où il prend le commandement en chef des armées.

Que le pays ait été prêt ou non antérieurement, Napoléon III ne saurait en être plus responsable que le Corps législatif lui-même et par conséquent le pays, ayant dû, comme eux, s'en rapporter à la parole de ministres constitutionnellement responsables, et qui, de plus, étaient, on s'en souvient, l'objet d'un tel engouement, de la part du Corps légistatif, que la Gauche elle-même multipliait quotidiennement et avec raison les ovations autour du maréchal qu'elle anathématise le plus aujourd'hui.

Cela doit indiscutablement suffire pour ôter à tout le monde le droit de faire remonter jusqu'au Souverain la responsabilité de la faute qui eût été commise, si le maréchal Lebœuf avait trompé le pays, en affirmant à tort que nous étions prêts pour la guerre. Cela ne me suffirait pas, à moi, qui ne comprendrai jamais qu'un Empereur du nom de Napoléon ait besoin d'abriter une erreur derrière des subtilités ou des arguties constitutionnelles; à moi, qui ne comprendrais pas davantage qu'on pût lui pardonner une telle faute si elle avait été commise.

Aussi n'aurais-je pu admettre que le maréchal Lebœuf eût menti, et que le Souverain se fût laissé abuser par lui sur la situation militaire du pays, lors même qu'en voyant, sans protester, prendre à ce maréchal le commandement du troisième corps de l'une de nos armées en ligne, et en conservant, également sans protestation, au général Frossard le droit de s'illustrer à Doncourt, les chefs responsables de ces armées n'auraient pas suffisamment vengé les deux vaillants hommes de guerre des imputations aussi infâmes que ridicules dont ils ont été l'objet de la part des complices de la Prusse, et des malheureux dont les calomniateurs ont exalté les passions, dans le but coupable qui n'a pu être atteint, mais qui est aujourd'hui connu de tous.

Avant de passer outre, je tiens à bien établir qu'en restituant au Corps législatif la responsabilité de la déclaration de guerre, je suis bien loin de croire qu'il ait eu tort d'y pousser l'Empereur, et que l'Empereur ait dû être contrarié de faire droit à ce patriotique vœu. Je veux seulement rendre hommage à la vérité. Autrement qui pourrait nier que la déclaration de guerre fût indispensable, et quel homme de sens ne peut confondre d'un mot les insensés que la frayeur pousse à s'indigner qu'on ait contraint la Prusse à agir, avant qu'elle eût multiplié des préparatifs dont on est malheureusement à même d'apprécier aujourd'hui l'importance, et qui, trois mois plus tard, eussent été bien autrement considérables.

La Prusse voulait vaincre la France. Toutes les bassesses que les lâches paraissent déplorer qu'on n'ait pas faites, n'auraient abouti qu'à retarder de quelques mois l'invasion. N'attribuons donc qu'à la Prusse, uniquement à la Prusse, une guerre préparée depuis dix ans, et sachons gré, autant au Corps législatif qu'au Cabinet du 2 Janvier, d'avoir arraché du visage de Guillaume le masque qui empêchait Napoléon III de le souffleter avec l'épée de la France.

Nous n'étions pas prêts ! L'eussions-nous été davantage trois mois plus tard, avec les limites imposées à notre organisation militaire ? Je le nie ; mais ce que j'affirme, c'est que, trois mois plus tard, la Prusse aurait été deux fois plus forte qu'elle ne l'a été le jour où a éclaté l'intrigue Hohenzollern.

XIII

La France était prête le jour de la déclaration de guerre. Seulement, elle l'était dans les limites où la volonté du Corps législatif, ou la pression d'une opinion publique, incessamment travaillée par de perfides adversaires, ont contraint tous les ministres de la guerre du second Empire de maintenir nos forces militaires, limites que ces forces ne pouvaient franchir qu'après s'être trouvées en présence des épreuves qu'elles viennent de subir pour l'édification de la France, ou qu'à la suite d'un coup d'État bien autrement énergique et d'une bien autre portée que le coup d'État du deux Décembre.

L'Empereur avait-il conscience de l'impuissance

relative à laquelle nous condamneraient momentanément, dans une guerre avec la Prusse, les limites
imposées par le Corps législatif à l'organisation militaire du pays, tant que l'expérience ou sa volonté
n'en auraient pas fait justice; et, s'il en avait conscience, ne devait-il pas instruire la France du péril
qu'elle allait courir, avant de la laisser répondre aux
provocations de la Prusse?

L'Empereur devait être parfaitement au courant du
péril qui nous menaçait; mais, depuis vingt ans, ayant
plutôt la nature d'un Charles V que d'un Philippe-
Auguste, il n'avait aussi cessé de préparer les éléments moraux et matériels à l'aide desquels ce péril
peut devenir la cause la plus active de notre triomphe
final. Cela ressort de la proclamation adressée aux
troupes par Napoléon III, le jour où il partit pour
la frontière.

« La guerre sera longue et pénible. »

Quant à avertir la France de ce péril, n'était-ce pas
l'y exposer bien davantage, lors même qu'après l'insulte
reçue, le Corps législatif et le pays eussent été assez
indignes d'eux-mêmes pour ne pas prendre l'initiative
d'une déclaration de guerre, dont toutes les responsa-

bilités ne sont attribuables qu'à la Prusse, dès qu'on examine avec impartialité l'ensemble des faits qui l'ont amenée?

Nous aurions été dans ce dernier cas l'objet du mépris du monde; et la Prusse, mettant à profit la stupeur des uns autant que les dénégations et la résistance des autres, se fût empressée, soit de nous attaquer immédiatement, soit, ce qui eût été pire, de passer outre à la réalisation de l'ensemble de ses desseins sur l'Europe.

Cessons donc d'être injustes envers les nôtres, et de tomber dans le piége des inventions calomnieuses, dont le but évident est de nous diviser devant l'ennemi. Avant de songer à demander des comptes aux gens dont une balle prussienne aura peut-être troué l'héroïque poitrine avant la fin de la guerre, songeons à en demander à la provocatrice. Prêts ou non, nous devions combattre dès qu'on nous y conviait. Mais d'où sortent les fusils qu'on remet à tous ceux qui veulent s'en servir contre l'ennemi, les canons dont Paris s'entoure, les munitions qui abondent? Est-ce que tout cela s'est fabriqué ou fondu par l'œuvre de M. Jules Simon ou de M. Jules Favre?

Tous nos soldats n'ont pu se trouver en ligne dès le premier jour, cela est vrai. A qui la faute? M. Jules Favre et M. Jules Simon savent bien qu'elle n'est imputable ni à l'Empereur, ni au maréchal Lebœuf, mais bien uniquement aux Français indignes qui, dans l'unique intérêt d'une impuissante et mesquine ambition, maintiennent dans le doute et dans le trouble un pays qui, sans cela, n'aurait rien à redouter du monde.

XIV

Les seuls impérialistes, qui croient que Napoléon III aurait dû, dès le jour de son élection à la Présidence, refuser de prêter serment à la République, telle qu'elle était constituée, et s'emparer de la dictature pour renouer à 1815 la chaîne des temps, rompue à cette époque par les traîtres et par les coalisés, seraient en droit de reprocher à l'Empereur de ne pas avoir, dès 1848, fait vider par les armes toutes les questions que posait à l'Europe la rentrée de la France en possession d'elle-même, et surtout de ne la pas avoir organisée alors militairement sur des bases asséz solides et assez larges pour prévaloir désormais contre toutes les audaces de ses ennemis.

Mais, à l'exception de ces impérialistes orthodoxes, qui donc oserait et pourrait légitimement reprocher à Napoléon III d'avoir constamment voulu se maintenir dans la légalité; et de n'être arrivé, après vingt ans, à pouvoir enfin reprendre l'œuvre nationale, qu'en mettant à profit jusqu'à la mauvaise volonté d'adversaires, envers lesquels sa condescendance est allée souvent jusqu'à l'oubli de son origine?

A ces vingt ans de concessions, parfois trop prudentes et maintes fois poussées trop loin, les Français de toutes les opinions, à l'exception, je le répète, des impérialistes et des hommes véritablement intelligents et convaincus, doivent l'amélioration de leur sort dans une proportion quelconque; et ce n'est que lorsque tous les Français ont été à même de bien constater qu'employassent-ils, pour l'empêcher, tous les moyens, fussent les plus honteux, ils seraient menacés, quand même, d'être jetés dans l'Atlantique par les hordes teutoniques, que l'Empereur s'est décidé, sur la demande du Corps législatif, à cette guerre nationale, qu'il eût entreprise dès le commencement de son règne, s'il n'avait pensé qu'à lui, et s'il eût moins respecté, il faut bien le dire, les intérêts qui semblent

aujourd'hui le plus disposés à se trahir en le trahis-
sant.

Un autre motif de la conduite de Napoléon III, que
les impérialistes eux-mêmes doivent prendre en sérieuse considération, avant de condamner sa condescendance, qui pourrait bien n'avoir été alors que de
l'habileté patiente, c'est l'inquiétude jalouse dont la
France n'a cessé d'être l'objet de la part de toutes les
Puissances européennes, depuis le triomphe de sa Révolution.

En effet, ces Puissances, qui nourrissent toutes, les
unes contre les autres, des convoitises, à la satisfaction
desquelles le désintéressement de la France est l'unique
obstacle, ont poussé l'aveuglement égoïste jusqu'à
laisser, au centre de l'Europe, se constituer sur des
bases solides, et sans protestation de leur part, l'organisation militaire de la Prusse, par le seul fait que
cette organisation s'est toujours montrée prête à leur
servir d'instrument contre nous, et sans réfléchir à ce
que leur coûterait demain leur aveuglement, si la
Prusse triomphait définitivement de nos armes.

Mais si la France, puisant la légitimité de sa réorganisation militaire dans les changements successive-

ment apportés à l'organisation militaire de toutes les autres Puissances, avait fait mine de vouloir exercer au maniement des armes tous ses citoyens valides, on ne peut se faire une idée de l'opposition que sa conduite toute naturelle aurait soulevée, des susceptibilités qu'elle eût éveillées, qu'en se rendant compte de la satisfaction évidente que le glorieux massacre de quelques-uns de nos bataillons cause aujourd'hui aux autres nations, et principalement à celles qui nous doivent le plus.

On a parlé de désarmement. Qui donc en voulait donner complétement et en a donné partiellement l'exemple, si ce n'est Napoléon III ? Un mois avant que l'intrigue Hohenzollern fût découverte, n'est-ce pas l'Empire qui avait pris l'initiative de la réduction de son contingent annuel ? D'où est partie la proposition d'un Congrès dont le résultat pouvait être la constitution durable des États-Unis d'Europe, si ce n'est de l'Empereur ? Ce sont toujours au contraire les autres puissances de l'Europe et plus particulièrement la Prusse qui ont refusé de procéder au désarmement dont nous donnions l'exemple, et de réunir ce Congrès pacifique dont l'issue pouvait être la pacification indéfinie de l'univers. Un peu de mémoire ; un peu de justice ; et l'on sera obligé d'avouer que c'est de Napoléon III qu'émanait la pensée féconde de cette pacification, tandis que les autres Souverains laissaient entendre qu'ils voulaient bien désarmer, mais seulement lorsqu'ils auraient éteint le cerveau de la France avec le sang de ses derniers soldats.

XV

Napoléon III, contraint à la guerre, et relativement prêt à la faire, dans des conditions où il n'avait à choisir qu'entre elle ou une honteuse déclaration d'impuissance, dont on l'eût immédiatement puni, avec raison, par la perte de sa couronne, le salut de la France ne dépendait plus que du plan qu'il allait concevoir pour motiver promptement la levée en masse de tous les Français valides, pour donner à cette levée le temps d'être organisée, et pour compenser, en attendant, les rapides efforts du nombre par le courage et par l'habileté des seules forces dont il pût disposer.

Ce plan pouvait-il être d'envahir, avec trois cent mille hommes, un pays qui en comptait déjà plus d'un million sous les armes, protégés par les forteresses dont la France allait être obligée de constater à nouveau l'indispensabilité pour sa défense, par l'usage même qu'on allait en faire contre elle?

Il ne manque pas d'insensés pour répondre oui, sans se rendre compte des conséquences qu'aurait eues, sur le territoire ennemi, la défaite probable de nos seules forces disponibles par d'innombrables hordes, et par conséquent alors l'irrémédiable abandon du chemin de Paris à ces avalanches humaines, dont la marche, dans ce cas, n'aurait pu être assez longtemps paralysée pour permettre à la levée en masse, qui s'opère si tranquillement aujourd'hui, de leur montrer ce que peut la France en fait d'improvisations guerrières.

Quand le premier Empereur envahissait successivement l'Europe, il avait à sa disposition des réserves debout qui lui permettaient ces audaces; car les Iéna ne sont possibles, comme les Reichsoffen, qu'à ceux qui ont eu des Austerlitz et des Sadowa. Autrement, la sagesse est de tout subir, dans l'attente et dans la préparation d'un Pultawa qui n'est jamais payé trop cher. Notre défaite sous Mayence livrait aussi promptement la

Prusse à la France que la défaite des Prussiens sous Paris nous livrera la Prusse, et nous assurera au minimum la possession immédiate de nos frontières du Rhin.

Le plan de l'Empereur devait donc être ce qu'il a été : la défensive, laissant à leurs auteurs l'odieux des provocations; la défensive, précédant une retraite par échelons, qui aurait pour résultat inévitable, en les affaiblissant, de contenir assez longtemps la marche de chacune des trois avalanches d'hommes lancées sur la France, pour les anéantir plus aisément à leur point de concentration, qui paraissait devoir être le même que celui d'Attila, ou, successivement, devant nos villes fortes du centre, et plus particulièrement sous Paris, si, dans l'impérieux besoin où ils sont, comme tous les barbares, de vaincre vite, leurs chefs avaient l'audace de s'aventurer, isolés les uns des autres, dans notre pays, en comptant sur des divisions intestines, dont un pouvoir, confiant dans la France, et prêt à tout, d'accord avec elle, devait seul comprendre la réelle inanité.

En admettant qu'une invasion hardie de nos armées sur le territoire ennemi ait pu être suivie, au lieu d'une défaite probable, d'une série d'actions douteuses, ayaut pour résultat une paix due à l'intervention des Puissances, jalouses de faciliter à la Prusse les moyens de préparer une revanche, quel indiscutable motif avait la France pour réclamer, pour exiger ses frontières du Rhin? Il. est prouvé aujourd'hui que, sans ces frontières, elle ne peut vivre en repos ; et depuis un mois, il est devenu aussi impossible, pour la France, de consentir à un traité qui les lui refuse qu'à un traité qui lui arracherait l'Alsace et la Lorraine. Ce n'est donc pas par respect des bois de M. Chevandier de Valdrôme qu'on s'est exposé à Reichsoffen ; c'est parce qu'il nous faut le Rhin pour frontière.

XVI

A l'exécution de la première partie du plan impérial nos forces disponibles suffisaient; et, pour la mener à bien, je le répète, la France était prête, car l'expérience nous prouvera que nous n'avons eu besoin ni d'un nouveau soldat, ni d'une nouvelle arme, ni, comme l'avait affirmé le maréchal Lebœuf, d'un seul bouton de guêtre pour qu'elle soit réalisée.

Mais, ce plan ayant deux parties, la succession glorieuse de toutes les phases de la première allait avoir pour résultat de préparer la réalisation facile de la seconde, en arrachant la France à ses erreurs et à ses illusions, en retirant à l'Europe tout prétexte de se formaliser ostensiblement de notre réorganisation militaire, et en nous fournissant toutes les raisons plausibles de jeter à notre tour un million d'hommes sur l'Allemagne, après avoir engraissé le sol de nos provinces avec les cadavres du million d'hommes que l'Allemagne a commencé par jeter sur nous.

La *furia* française et l'orgueilleuse intrépidité de nos généraux n'ont pas permis que le premier choc des avalanches prussiennes fût amorti comme il aurait pu l'être. Il a fallu qu'à tout prix nos soldats luttassent un contre cinq, au lieu de se replier tout d'abord ; et l'Histoire a dû enregistrer, à l'actif de notre gloire, deux faits d'armes qui, s'ils ont eu le déplorable malheur de coûter la vie à un trop grand nombre de nos soldats, ont eu du moins le double et heureux avantage d'épouvanter nos prétendus vainqueurs, en les obligeant à se rendre compte du prix que nous faisons payer une victoire, et de frapper à l'instant la France d'une commotion patriotique dont le contre-coup suffira pour ébranler les assises de la vieille Europe.

Je n'ai pas besoin de faire justice des absurdités qui précédèrent à Paris l'expression de la vérité sur les batailles de Forbach et de Reichsoffen, et qui, malheureusement, trouvèrent aussitôt plus de créance chez les

parasites de l'Empire que chez ses adversaires. On se re-
fuserait encore à croire aux effets produits sur certains
esprits par les premières nouvelles de nos revers, et
surtout qu'il se soit trouvé, parmi les favoris du second
Empire, autant de gens disposés à faire retomber immédiatement sur Napoléon III l'entière responsabilité du
mal, si les souvenirs de 1814 et de 1815 n'étaient là
pour nous rappeler qu'un des inconvénients de la puissance est de créer autour d'elle une catégorie de lâches
flatteurs se considérant comme trahis, dès qu'ils ne
la croient plus à même de leur assurer la tranquille
jouissance et même l'augmentation rapide de la fortune qu'ils ne doivent qu'à elle.

Seulement, nous devons convenir qu'il fallut aux
hommes de 1814 et de 1815 bien autre chose, pour
leur faire oublier les bienfaits du premier Empire que
ce qu'il a fallu aux flatteurs du second pour leur faire
oublier les siens ; et qu'en fait de honte, les About
sont descendus beaucoup plus bas que ne descendirent
jamais les Fontanes. J'en veux donner encore un
exemple éloquent. Parmi les employés du ministère
de l'Intérieur que M. Chevandier de Valdrôme a cru
devoir honorer, à l'occasion du 15 août dernier, de

la décoration qui porte l'effigie du premier Empereur, il en est un qui m'a dit, le jour même où il étrennait cette croix dont le brevet est signé Napoléon III : « Paris impérial ne tiendra pas huit jours ; Paris républicain tiendrait peut-être ! »

Si ce n'est pas intentionnellement que l'Empereur a commis la faute de sacrifier, pendant dix-huit ans, ses fidèles à une administration qui lui donne, au premier échec, de tels défenseurs, ne doit-il pas être assez puni en apprenant leur conduite ; et les injures de la Gauche pourront-elles creuser dans son cœur des plaies plus profondes que celles qu'y creusent en ce moment les silences, les abstentions et les hésitations prudentes, sourdement accompagnées de transactions conditionnelles ?

XVII

Les retraites de Forbach et de Reichsoffen resteront légendaires. L'avenir applaudira à ces quelques milliers de héros, obligeant un million d'hommes à ne s'avancer qu'en tremblant sur un sol privé de ses défenses naturelles, jusqu'à ce qu'une première armée, de moins de cent cinquante mille soldats, suffise à les arrêter, sous la première de nos forteresses, assez longtemps pour permettre la concentration d'une seconde armée, qui, elle aussi, réussira au moins, bien qu'encore très-inférieure en nombre, à jeter assez de désordre dans leur masse pour en faciliter l'anéantissement prochain, en vue d'une capitale ayant eu de la sorte un long mois devant elle pour se préparer à achever l'œuvre de ses légions.

Je n'ai pas à me faire en ce moment l'historiographe de faits de guerre dont la vieille Germanie commence à mesurer l'importance et à comprendre la portée. Je veux seulement demander, non aux adversaires de l'Empire, bien qu'ils n'aient pas le droit de satisfaire leurs passions aux dépens du pays, mais à ses Judas, ce qu'il y a de commun entre des armées trahies, débandées, sans munitions, sans vivres, trouvant, soi-disant, des chaussures où elles cherchaient de la poudre, des caissons vides où on leur avait promis des caissons pleins, et ces brillantes cohortes, toujours éclatantes, toujours solides, jamais troublées, constamment pour-vues, manœuvrant sous le feu d'un million d'hommes comme aux revues du Champs de Mars, se multipliant devant le péril, ne permettant enfin à ses prétendus ex-terminateurs d'annoncer leurs victoires qu'en confes-sant qu'elles leur ont tué chaque fois assez d'hommes pour changer, devant leurs pas, les plaines en collines sanglantes.

Quatre batailles sont livrées devant Metz, et, à cha-cune d'elles, on sent que le triomphateur étouffe un cri de désespoir. Alors la confiance de nos soldats est telle dans la France que l'armée, qui attendait sous Châlons, découvre Paris pour achever l'œuvre commencée à Metz ; et c'est de cette confiance que Paris s'indignerait?

Paris s'en glorifie et se prépare.

Peut-être qu'à l'heure où j'écris, les armées, qu'on prétendait trahies par l'Empereur et mal commandées par des chefs que M. About a condamnés, ont déjà terminé aux trois quarts leur tâche. J'ai hâte de dire comment l'absurdité même des nouvelles, répandues à la suite de nos revers d'un jour, a facilité l'accomplissement de la tâche qui nous incombera demain.

Je m'arrêterai seulement, avant de le faire, pour protester contre cette perfidie nouvelle qui consiste à dire à un peuple, dont l'imagination est facile à égarer, qu'en réalité l'Empereur ne saurait plus avoir le mérite des victoires futures, puisqu'il s'est déchargé lui-même du commandement en chef de l'armée. Pour peu que l'on réfléchisse un instant, on trouvera dans la conduite de l'Empereur un motif de plus d'affirmer que les Napoléon savent en, tant qu'individus, s'effacer toujours pour demeurer intacts comme un symbole ; et que, dans l'abnégation actuelle du Souverain, consiste justement sa grandeur. Charles V en a-t-il moins sauvé la France, parce que Duguesclin fut son Bazaine ; et pouvait-on demander à Napoléon une immolation plus grande de son individualité à sa signification que la conduite héroïque, et simple à la fois, qu'il tient au milieu de ses armées ? Si, lorsque M. Thiers parut devoir faire tête à l'Europe, le Roi Louis-Philippe avait désigné des généraux pour vaincre en son lieu et place, M. Thiers en eût-il argué que Louis-Philippe devait être déchu, surtout s'il s'était exposé au premier rang des soldats? La réponse de M. Thiers serait la condamnation cruelle de la Gauche.

XVIII

A peine les retraites de Forbach et de Reichsoffen étaient-elles connues à Paris que l'Impératrice quittait Saint-Cloud pour s'installer aux Tuileries, non dans l'intention d'écrire quoi que ce fût à la reine Victoria, mais avec la ferme résolution de présider, en digne fille du Cid, à l'élan patriotique qui allait se produire. Je ne veux ni m'étendre sur la façon dont elle a compris et rempli son rôle depuis lors, ni dire l'indomptable courage dont elle a fait preuve, nuit et jour, tant au Conseil qu'au chevet des blessés, comme dans le large cercle ouvert à son action énergique, moins à ses yeux par son droit que par les circonstances. L'heure n'est pas venue de rendre hommage à ceux qui font leur devoir ; et le plus beau compliment qu'une Souveraine française puisse d'ailleurs ambitionner, à de pareilles heures, est de pouvoir se dire à elle-même qu'elle est à la hauteur de sa mission.

Le Ministère parlementaire qui a déclaré la guerre, et qui n'aurait pu éviter de la déclarer, même et surtout s'il avait averti le Corps législatif de notre impuissance relative, comprend que son origine, étant la principale cause de cette impuissance, ne lui permet guère de procéder aux mesures propres à en conjurer les effets. Aussi s'empresse-t-il de convoquer le Corps législatif, et de lui exposer la situation, prévoyant bien qu'il sera le bouc émissaire des hommes qui, en le faisant ce qu'il a été, sont pourtant en réalité les premiers auteurs de nos épreuves.

D'autres Souverains que Napoléon III auraient sûrement hésité alors à permettre la convocation du Corps législatif et cherché dans la dictature le remède aux maux qu'avaient causés quinze ans d'incessants efforts, tentés, par toute une génération d'intelligences aveugles ou égoïstes, pour rejeter la France dans la confusion parlementaire, sous prétexte de lui restituer ses droits.

Il était évident que nos revers immédiats allaient être exploités, par leurs propres auteurs, contre la forme gouvernementale qu'ils ont contrainte à les subir ; et qu'il était à redouter qu'on ne réussît à entraîner plus avant encore le pays dans la voie des abîmes, au lieu de profiter de la leçon, qui venait de nous être donnée, pour l'en arracher à jamais.

Napoléon III a toujours eu dans la réaction du bon sens français une confiance illimitée. C'est de cette réaction qu'il a toujours attendu la réparation du mal causé par les partis, comptant aussi, il faut bien le dire, sur la puissance de son nom pour donner le temps aux excès de s'amortir au choc de cette unité napoléonienne, qui a donné, aux éléments sociaux du pays, une cohésion contre laquelle les anarchistes essaient en vain de prévaloir.

Quel autre gouvernement que le gouvernement impérial aurait résisté à la menaçante diversion tentée, je veux bien dire involontairement, au profit de la Prusse, dès la réunion du Corps législatif, par le groupe d'hommes qui a toujours immolé à ses passions les intérêts de la France, et trop souvent profité du premier mouvement des masses pour les entraîner à commettre contre elles-mêmes les plus regrettables attentats?

Cette diversion s'est à peine produite que déjà les masses en ont apprécié la portée et condamné l'existence, tant il est plus facile de se prononcer sainement sur des faits que de se mettre en garde contre des théories. Un jour de plus d'obstination de la Gauche dans la voie antidynastique, au moment où il ne s'agissait que du salut de la France ; une hésitation de sa part à désavouer les égarés de la Villette ; et la Gauche était ouvertement conspuée par les plus exaltés de ses partisans, qui eussent ainsi précisé la distance morale creusée par l'honneur entre les ambitieux et les convaincus.

Ne suffit-il pas de cette expérience pour éveiller l'attention des conservateurs sur la puissance de cohésion exercée par la Dynastie sur l'ensemble des éléments qui composent notre société française; et, puisqu'il est indubitable que, sans cette puissance, une révolution eût éclaté à Paris à la nouvelle de nos revers, révolution qui nous eût livrés pieds et poings liés à la Prusse, ne l'est-il pas autant qu'on serait bien plus certain de la victoire si on se servait du prestige du nom de Napoléon pour exalter l'enthousiasme des huit millions d'hommes qui ont voté le plébiscite, au lieu de sacrifier ce prestige au douteux concours de ceux qui se sont dégagés de la solidarité française en persistant à en désagréger les éléments?

XIX

Ce qu'il y avait le plus à craindre, à l'heure où la France semblait n'avoir à choisir qu'entre la défaite ou la levée en masse, ce n'était pas la perfide exaltation de la Gauche; c'était ce parlementarisme si laborieusement reconquis par la majorité.

La majorité pouvait, tout en se rendant parfaitement compte du péril, persister à vouloir y faire face avec ses procédés et avec ses hommes; et, malheureusement, depuis quelques jours, on n'a que trop à constater la tendance de quelques-uns de ses membres à oublier que nos revers sont l'œuvre du défaut de concentration qu'a le pouvoir de notre gouvernement, tandis que les succès de M. de Bismark dépendent uniquement de la concentration du sien.

Dès la première séance du Corps législatif, après sa convocation, il devint cependant facile de comprendre combien la perspicacité de l'Empereur avait été grande, lorsqu'il avait voulu laisser au Corps législatif le mérite de réparer lui-même, en quelques heures, ses fautes de quinze années; et de donner à sa conduite de la veille un démenti assez éloquent pour qu'il fût impossible à ses membres de retomber, après la guerre, dans les errements funestes qui ont retardé de tant d'années l'anéantissement définitif des traités de 1815.

Il suffit de se rendre compte de la signification véritable de ces deux noms : Ollivier et Palikao, pour comprendre en effet l'éloquence du démenti que s'est donné le Corps législatif. Il suffit d'énumérer les mesures déjà prises, d'accord avec ses membres, par le général dont ils avaient refusé, huit ans auparavant, de récompenser les services, pour apprécier également la révolution qui s'est opérée dans leur esprit, autant que le parti immense que va pouvoir en tirer l'Empire contre les ennemis de la France, dès que les armées prussiennes seront anéanties.

Je ne jetterai pas la pierre aux hommes du deux janvier, après leur avoir offert mes services, dès le jour où l'Empire parut en danger, ce que firent du reste tous leurs loyaux adversaires, mais ce que ne firent ni leurs créatures, ni leurs auteurs. Ces services, ils ne pouvaient les utiliser, car ils étaient nés pour demeurer les instruments d'une majorité, qui venait de s'apercevoir à temps qu'un pays, s'il veut être fort, doit être gouverné et non obéi par ses chefs; et ils devaient emporter avec eux, dans l'oubli, cette forme bâtarde de gouvernement, dont l'Empereur avait eu la condescendance de nous laisser une fois de plus tenter l'expérience, sur les instances de ceux qui devaient en faire le plus cruellement justice, pour se laisser encore entraîner, il est vrai, à en subir parfois les tentations subreptices.

Je crois, en effet, que les membres du Corps législatif n'ont pas suffisamment reconnu les erreurs commises par eux, en donnant spontanément au général Palikao la confiance qu'ils retiraient à

M. Émile Ollivier. Il leur reste à faire un pas de plus, qui vaudrait pour la France plus qu'une armée, car il lui prouverait qu'elle n'a rien à craindre pour son unité d'action devant l'ennemi. Ce pas consiste dans une déclaration courageuse quant à la forme impériale et quant à la Dynastie, ne laissant à personne de doute et ne permettant à personne de concevoir de coupables espérances. Il ne suffit pas d'opposer aux injures de la Gauche des cris qui n'ont aucune signification précise pour que le pays marche comme un seul homme, avec la certitude de ne laisser derrière lui aucun abîme béant ; et, puisque l'Empereur s'est livré sans réserve, il faut que, sans réserve, on se déclare pour lui. Il ne sera plus temps de pleurer comme saint Pierre quand le coq aura chanté trois fois ; et, comme il faut se résoudre à s'avouer que l'effronterie de la Gauche est moins blâmable que l'hésitation mise par la majorité à confesser l'indissolubilité de l'union de la France et de la Dynastie, il est à désirer que la majorité, éclairée sur ses véritables intérêts, n'autorise pas ses adversaires à croire qu'elle ne serait pas éloignée d'être leur complice.

Il est un homme dont la mort doit être une leçon

terrible pour ceux qui par prudence ou par habileté croient devoir se prémunir contre les défaillances du cœur. Un mot de Lamartine suffisait en 1848 pour éviter de grands malheurs. Ce mot, qu'il n'a pas dit, lui a coûté l'honneur, le repos, la renommée. Eh bien, j'affirme que chacun des membres de la Majorité s'expose à de semblables remords, en n'opposant pas aux membres de la Gauche une déclaration franchement dynastique, toutes les fois que les membres de la Gauche s'en prennent à la Dynastie. « Nous verrons plus tard, » dit-on. C'est avant qu'il faut voir; car ce que l'on verra après, si la nation se décapite elle-même, c'est le Chaos !

XX

A l'heure même du péril, la confiance de l'Empereur dans le pays s'est étendue plus loin qu'aucun gouvernement n'a laissé s'étendre la sienne aux époques du calme le plus parfait. Du pays, représenté par le Corps législatif, elle s'est étendue aux hommes. C'est à la loyauté du général Trochu, notoirement connu pour professer des opinions hostiles aux siennes, que l'Empereur a confié le gouvernement de Paris; c'est à la Garde Mobile parisienne qu'il a désiré que ce général confiât les avant-postes de la capitale; et si les princes d'Orléans ne combattent pas à ses côtés, en compagnie du vieux Changarnier, dont il a fait son compagnon de guerre, c'est que tout le monde lui a fait remarquer qu'en s'abstenant d'offrir son épée à la France impériale, le comte de Paris retirait à l'offre de ses oncles et de son frère le caractère patriotique et désintéressé qu'elle avait eu d'abord aux yeux de Napoléon III.

Cette confiance a rencontré l'accueil qu'elle méritait et donné les résultats qu'il en fallait attendre. Le général Trochu, nommé par l'Empereur, défend le Paris de l'Empereur en défendant le Paris de la France incarnée dans la Dynastie de par huit millions de volontés ; Changarnier n'a pas accepté d'être à la droite d'un homme pour le trahir. Avant de douter de leur loyauté, je préférerais m'attaquer aux représentants autorisés de l'Impérialisme, dont le mutisme justifie en quelque sorte les hésitations qui restent à vaincre, et je chercherais à savoir si leur silence, dans les circonstances actuelles, ne contribue pas à faire croire que, s'ils ne sont pas parvenus à créer une administration telle que la réclamerait la situation, c'est qu'ils n'ont jamais été animés d'une foi bien grande et d'une volonté bien énergique.

Que font à l'approche des Prussiens, ceux qui devraient affirmer en ce moment sur les places publi-

ques l'indissolubilité que je cherche à faire prévaloir,
à défaut d'eux, comme l'unique moyen de salut?
Après m'avoir sacrifié aux ennemis de l'Empire,
quand l'Empire était triomphant, seraient-ils disposés à traiter avec eux du sacrifice de l'Empire?
Je préfère croire à leur impuissance qu'à leur trahison; mais, dans cette impuissance, c'est encore la
preuve de la puissance de l'Empire et du nom de
Napoléon que je trouve; car, si malgré leur abstention étrange, la cohésion des forces natio-
nales résulte de la seule force du nom de l'Empereur et de sa volonté, ne suis-je pas alors en
droit de soutenir que, loin d'être compromise, la
situation de la Dynastie n'a jamais été plus fièrement
belle, son union avec la France plus solide et plus
indissoluble, son influence réelle mieux constatée,
pour tous les hommes qui, sachant réfléchir, ne se
prononcent ni sur des apparences, ni sur des crises
passagères; et ne ressort-il pas, des résultats actuellement obtenus, qu'il était impossible de les faire
découler plus habilement de circonstances aussi dé-
favorables, et de préventions aussi profondément
enracinées que l'ont été celles au milieu desquelles

le second Empire est parvenu à se consolider, sans compromettre aucun intérêt, mais en les respectant au contraire tous, lors même qu'ils ne se cachaient pas pour lui être hostiles.

Vienne la victoire; et elle viendra, maintenant que la virilité nous est rendue par le péril; maintenant que la confiance naît de l'appréciation des hommes capables de le conjurer. La France impériale, appuyée sur quinze cent mille baïonnettes aguerries, ne devant son salut qu'à sa cohésion dynastique, aussi parfaitement éclairée à l'intérieur sur les tendances des adversaires de l'Empire que l'Empire doit l'être maintenant sur celles de ses favoris, sachant à quoi s'en tenir sur la reconnaissance des nations et des peuples, autorisée à ne plus donner d'autre mesure à ses exigences que celle de ses intérêts, et à son ambition que la mesure de sa volonté; la France impériale, dis-je, ne sera plus heureusement dans les dispositions où elle se fût trouvée, au cas peu probable où une première grande victoire sous Mayence eût autorisé les Puissances à intervenir en faveur de la paix, pour permettre en réalité à la Prusse de se remettre, je le redis encore, et d'attendre une heure plus propice à ses agressions.

Les épreuves que vient de subir la France impériale l'auront surtout édifiée sur les véritables conditions de l'influence économique, et lui auront appris qu'une nation n'est pas puissante parce qu'elle permet à toutes les autres de s'attacher à ses mamelles, de prendre à son foyer la première place, mais bien, au contraire, lorsqu'elle s'arrange de façon à prendre la première place au foyer des autres et à les mettre d'une façon quelconque à contribution dans l'intérêt de ses fils.

Il faut que, de la guerre actuelle, résulte tout d'abord la ruine du parasitisme dont la France impériale et la Dynastie ont été depuis dix-huit ans les victimes, et qui leur a fait jouer, au profit de leurs prétendus alliés, le rôle du corbeau de la fable ; il faut qu'en même temps que se disperseront ces camarillas cosmopolites, dont le rendez-vous commun semblait être les salons des Tuileries, tous les syndicats financiers, au sein desquels on découvre toujours la main de l'étranger rançonnant la France, perdent à jamais l'espoir de se reconstituer à nos dépens.

D'où provient la lâcheté dont ont fait preuve des municipalités qu'il faudra punir après la victoire, sinon de la façon dont les intérêts sont engagés en France, sans subordination à l'ordre de choses politique? Les intérêts ont pris chez nous sur le patriotisme une telle supériorité qu'à Nancy, pour les sauvegarder, des magistrats, ayant prêté serment, pour la forme, à la Dynastie consentiraient, m'assure-t-on, à rendre la justice au nom du roi Guillaume plutôt que de les laisser péricliter.

Et puis enfin ne doit-on pas reconnaître que le défaut d'affirmation politique est pour beaucoup dans cette lâcheté de certaines villes. Défendre la France est fort beau ; mais où est la France, quand le criterium national est indécis ; et qui dit à nos municipalités que demain elles ne seront pas punies par le gouvernement nouveau de leur fidélité au gouvernement de la veille ? C'est à la majorité qu'il appartieut de répondre et de remédier au mal.

En demeurant au-dessous du rôle qu'un hasard inattendu lui permettait de jouer, la Gauche a ouvert les yeux à cette partie saine de la démocratie militante dont le concours faisait défaut à l'Empire, autant il faut en convenir par la faute de celui-ci que par la faute des chefs de celle-là. En face du danger, on s'est apprécié et on a jugé les hommes par lesquels on était séparés.

L'Empire sait maintenant ce qu'il pouvait attendre de sa condescendance pour les intérêts égoïstes ; et la Démocratie ce qu'elle pouvait espérer des tribuns qui comptaient sur elle pour préparer, d'accord avec ces intérêts, le triomphe de la réaction européenne.

L'accord devient donc certain après la victoire, puisqu'il s'est réalisé au moment du péril, et que les alliances conclues de la sorte sont les plus durables, surtout les plus fécondes.

L'unité, dont se vantent avec raison les Prussiens et dont ils nous reprochaient hier de ne pas connaître les bienfaits, la voilà constituée autour de l'unique symbole qu'ait laissé debout en France l'esprit de ténèbres qui nous a divisés ; autour de ce nom de Napoléon dont la signification n'a pas besoin d'être développée à nouveau.

La trilogie qui constitue véritablement la France : ses intérêts, son armée, sa démocratie, une fois cons-

tituée, qui peut avoir raison de nous ; qui peut préva ·
loir contre notre volonté?

Aux efforts tentés pour empêcher cette union, les
intérêts, le travail et l'épée ont vu clair pour le salut ;
qu'ils y voient aussi clair pour la vengeance ; et l'œuvre sera menée à bien.

XXI

J'ai la ferme conviction ; j'ai le robuste espoir que les efforts de l'agonie Prussienne, malgré le concours de ceux des autres Puissances européennes, ne seront pas plus puissants que les efforts tentés par le Cabinet de Berlin, alors qu'il ne voyait dans la France que la complice idiote de sa propre ruine et de sa propre honte.

Dans ce cas, il ne s'agit plus que de tracer le programme des exigences que devra formuler la France, aux cris réitérés de : « Vive l'Empereur ! » lorsque ses armées et ses flottes auront anéanti la Prusse, et ruiné pour un siècle, à notre profit, le territoire de ses alliés comme le sien.

Ce programme, je laisse aux remords des Puissances européennes le soin de convenir des proportions qu'il doit avoir, pour répondre à la trahison collective dont la France et la Dynastie napoléonienne ont été l'objet de leur part.

Ces Puissances n'ont eu en' vue que leurs intérêts, quand elles ont fait bon marché des nôtres. C'est dans leurs intérêts qu'elles doivent être frappées ; et, quand l'heure sonnera d'énumérer les mesures à prendre pour atteindre ce but, il faudra qu'elles apprennent, à leurs dépens, que le meilleur moyen d'empêcher la lave du volcan de jaillir n'est pas de chercher à en éteindre le cratère.

Des provinces entières de la France ont été ravagées. Que de ruines ! que d'orphelins ! que de veuves ! Ce sont ces ruines qu'il faut relever, ces orphelins et ces veuves qu'il faut pensionner, ainsi que les blessés incurables. La France victorieuse n'a qu'à vouloir ; et, dans le mois qui suivra sa vengeance, tous ces maux seront réparés. La victoire, elle ne peut l'obtenir que de l'indissolubilité de son union avec la **Dynastie**. Toutes les fois donc qu'on porte atteinte à cette union, c'est à nos revendications qu'on porte atteinte; c'est de notre fortune que l'on fait bon marché. Si j'ai réussi à bien faire entrer cela dans les esprits, j'ai atteint mon but; et je ne suis plus inquiet pour l'avenir; car de notre union, de notre union seule, il dépend.

XXII

Hélas! la Providence a d'insondables décrets en réserve; et la victoire capricieuse a parfois le don de trou-
bler ou de faire défaillir l'esprit de ceux qu'elle écrase.
Il se pourrait donc que nos armées fussent anéanties ;
que les classes, dans la main desquelles l'Empire a eu
le tort de laisser pour la seconde fois le sort de nos
destinées, en défiance de la Démocratie, commissent
la faute de chercher le salut dans l'oubli des bienfaits
dont l'Empire les a comblées, et dans les bras d'un des
partis dont aucun n'est capable de sauver la France ;
il se pourrait enfin que Napoléon III lui-même se
sentît comme son oncle hésiter à l'heure suprême.

S'il en était ainsi, ni les classes ingrates, ni les

Puissances traîtresses, ni la Dynastie hésitante, ne devraient ou ne pourraient s'en réjouir ou s'en consoler; car, derrière les hommes de la Gauche, il y a d'autres hommes; car la chute de la Dynastie napoléonienne serait le signal d'un cataclysme qui ne respecterait ni les intérêts ni les trônes; et qui, avant de laisser émerger du chaos un autre arc-en-ciel, couvrirait le sol européen de tant de débris, le détremperait de tant de sang et de larmes, qu'après moins d'une année il ne resterait pas même le souvenir de ce qui est debout aujourd'hui : Puissances, familles, fortunes.

Je l'affirme donc, une dernière fois, parce que cela est vrai :

Ou la France impériale sera victorieuse; ou l'Europe monarchique est morte !

imp. L. Toinon et Cie, à Saint-Germain.

EN VENTE CHEZ LES MÊMES ÉDITEURS

COLLECTION DES GRANDS HISTORIENS CONTEMPORAINS ÉTRANGERS

G. BANCROFF. *Histoire des États-Unis d'Amérique.* Traduction de M. I. Gatti de Gamond. 9 vol. in-8 .... 45 fr.

W. H. PRESCOTT. *Histoire du règne de Philippe II.* Trad. de G. Renson et P. Ithier. 5 vol. in-8 .... 25 fr.

— *Histoire de Ferdinand et d'Isabelle.* Traduction de G. Renson. 4 vol. in-8 .... 20 fr.

— *Histoire de la conquête du Pérou.* Trad. de H. Poret. 3 vol. in-8 .... 15 fr.

— *Histoire de la conquête du Mexique.* Trad. de A. Pichot. 3 vol. in-8 avec gravures .... 18 fr.

— *Essais et Mélanges historiques et littéraires.* 2 vol. in-8. 10 fr.

W. IRVING. *Histoire et Légende de la conquête de Grenade.* Trad. de Xavier Eyma. 2 vol. in-8 .... 10 fr.

— *Vie et Voyages de Christophe Colomb.* Trad. de G. Renson. 3 vol. in-8 .... 15 fr.

TH. MOMMSEN. *Histoire romaine.* Traduct. de de Guerle. 7 vol. in 8 .... 35 fr.

PEEL (sir Robert). *Mémoires.* Traduct. de E. de Laveley. 2 vol. in-8 .... 10 fr.

J. G. HERDER. *Philosophie de l'histoire de l'humanité.* Trad. de E. Tandel. 3 vol. in-8 .... 15 fr.

H. I. BUCKLE. *Histoire de la civilisation en Angleterre.* Traduction de Baillot. 5 vol. in-8 .... 25 fr.

M. DUNKER. *Histoire de l'antiquité,* 8 vol. in-8 .... 40 fr.

G. G. GERVINUS. *Histoire du XIXᵉ siècle,* depuis les traités de Vienne. Trad. de J. J. Minsen. 20 vol. in-8 .... 100 fr.

G. GROTE. *Histoire de la Grèce,* depuis les temps les plus reculés jusqu'à la fin de la génération contemporaine d'Alexandre le Grand. Traduct. de A. L. de Sadous. 19 vol. in-8 avec cartes et plans .... 95 fr.

R. GNEIST. *La Constitution communale de l'Angleterre,* son histoire, son état actuel ou le *self-government.* Trad. de Hippert. 6 vol. in-8 .... 30 fr.

J. H. KIRK. *Histoire de Charles le Téméraire, duc de Bourgogne.* Traduction de Ch. Flor O'Squarr. 3 vol. in-8 . 15 fr.

C. MERIVALE. *Histoire des Romains sous l'empire.* Traduct. de Hennebert. 9 vol. in-8 .... 45 fr.

J. W. DRAPER. *Histoire du développement intellectuel de l'Europe.* Trad. de L. Aubert. 3 vol. in-8 .... 15 fr.

Imprimerie L. Toinon et Cie, à Saint-Germain.

www.ingramcontent.com/pod-product-compliance
Ingram Content Group UK Ltd.
Pitfield, Milton Keynes, MK11 3LW, UK
UKHW020942140726
13695UKWH00003B/1153